Sebastian Huber

Untersuchung von 'Books on Demand' für einen Buchverlag

I0009246

GRIN - Verlag für akademische Texte

Der GRIN Verlag mit Sitz in München hat sich seit der Gründung im Jahr 1998 auf die
Veröffentlichung akademischer Texte spezialisiert.

Die Verlagswebseite www.grin.com ist für Studenten, Hochschullehrer und andere Akade-
miker die ideale Plattform, ihre Fachtexte, Studienarbeiten, Abschlussarbeiten oder Disser-
tationen einem breiten Publikum zu präsentieren.

Dokument Nr. V27877 aus dem GRIN Verlagsprogramm

Sebastian Huber

Untersuchung von 'Books on Demand' für einen Buchverlag

GRIN Verlag

Bibliografische Information der Deutschen Nationalbibliothek: Die Deutsche Bibliothek
verzeichnet diese Publikation in der Deutschen Nationalbibliografie; detaillierte bibliografische Daten sind im Internet über http://dnb.d-nb.de/ abrufbar.

1. Auflage 2004
Copyright © 2004 GRIN Verlag
http://www.grin.com/
Druck und Bindung: Books on Demand GmbH, Norderstedt Germany
ISBN 978-3-638-64962-9

TLUDWIG-MAXIMILIANS-UNIVERSITÄT MÜNCHEN
Institut für Wirtschaftsinformatik und Neue Medien

Seminar „Geschäftsmodelle New Media"
Wintersemester 2003/2004

Untersuchung von „Books on Demand"
für einen Buchverlag

Seminararbeit

Sebastian Huber

BWL 9. Semester

Inhaltsverzeichnis

1 Einführung in die Thematik

Die folgenden Abschnitte sollen an die Thematik dieser Arbeit heranführen. Hierzu wird zunächst die gewählte Problemstellung erörtert, um in einem zweiten Schritt den gewählten Lösungsweg in seiner Struktur aufzuzeigen.

1.1 Problemstellung und Relevanz des Themas

Seit einigen Jahren befindet sich der deutsche Buchmarkt in einem Strukturwandel, wobei der kontinuierliche Anstieg der Titelanzahl bei gleichzeitigem Rückgang der durchschnittlichen Auflagenhöhen die wesentliche Entwicklung darstellt. Damit werden die Lebenszyklen der einzelnen Bücher, d.h. die Lebenszeiten der veröffentlichten Inhalte, immer kürzer.[1]

Die Ursachen der geschilderten Entwicklung sind jedoch nicht bei den Verlagen zu suchen, die die Überproduktion mit jährlich gesteigertem Titelausstoß hervorgerufen haben, sondern beim veränderten Verhalten der Konsumenten. Homogene Käufergruppen werden, aufgrund von immer mehr differenzierten Bedürfnissen der Konsumenten, immer kleiner, was somit zu einem Rückgang der Auflagen führt. Es kommt zum Wandel vom Anbieter- zum Käuferbuchmarkt, bei dem der informierte Konsument speziell auf seine Erwartungen abgestimmte Produkte erwartet und angeboten bekommt.[2]

Der Kunde als Produzent und Konsument zugleich, der sog. „Prosument", rückt vermehrt in den Mittelpunkt.[3]

Vor diesem Hintergrund gewinnt eine Entwicklung der letzten Jahre an Bedeutung: Print on Demand.

Unter Print on Demand (PoD) versteht man „die kurzfristige, bedarfsorientierte Herstellung von Printprodukten mittels der Technologie des Digitaldrucks. Gedruckt wird nach der Bestellung, bzw. nach dem Erkennen eines Bedarfs direkt aus dem digitalen Datenbestand."[4]

Diese Technologie hat unter bestimmten Vorraussetzungen gegenüber den klassischen Druckverfahren eine Rolle von Vorteilen hinsichtlich Geschwindigkeit, Kosten und Flexibilität. Eine kurzfristige und flexible

---

[1] Vgl. Nöth (2001), S. 7.
[2] Vgl. Nöth (2001), S. 7.
[3] Vgl. Nöth (2001), S. 10.
[4] Biesalski (2000), S. 7.

Änderung und Aktualisierung von Inhalten ist mit PoD jederzeit realisierbar und bietet nicht nur Verlagen neue Chancen und Möglichkeiten.[5]

Ob sich allerdings euphorische Bewertungen wie „Individuelle Massenfertigung macht dem Kunden Spaß, kostet nicht viel und steigert den Umsatz des Unternehmens"[6], bewahrheiten, soll in dieser Arbeit im Folgenden, speziell aus Sicht des Buchverlags, genauer analysiert werden.

1.2 Zielsetzung und Aufbau der Arbeit

Die in Kapitel 1.1 geschilderte Thematik soll nun im Laufe der Arbeit näher erläutert werden. Dabei wird im 2. Kapitel der Begriff Books on Demand (BoD) definiert, Mass-Customization und Individualisierung genauer erläutert und die möglichen Einsatzgebiete von BoD beschrieben. Das 3. Kapitel schildert die Bedeutung von BoD für einen Buchverlag, wobei zuerst die Ausgangssituation, dann der technische und organisatorische Prozessablauf und die ökonomische Bewertung beschrieben werden. Dieser theoretische Hintergrund soll am Ende des 3. Kapitels mit Hilfe von einem Fallbeispiel aus der Praxis verdeutlicht werden. Kapitel 4 schließt mit einem Fazit und gibt Anhaltspunkte für weiteren Forschungsbedarf.

2 Books on Demand

In diesem Kapitel wird zuerst der Begriff BoD definiert und zu anderen ähnlichen Begriffen wie Print on Demand oder Publishing on Demand abgegrenzt. Das Kapitel 2.2 geht auf die Begriffe Mass-Customization und Individualisierung näher ein und beschreibt den Zusammenhang zu BoD. Am Ende dieses Kapitels werden potentielle Einsatzgebiete und mögliche Ausprägungen von On Demand diskutiert.

2.1 Definition und Begriffsabgrenzung

„Print on Demand bedeutet wörtlich „bedarfsangepasster Druck", d.h. theoretisch zeit-, orts-, inhalts- und auflagenunabhängig drucken zu können."[7]

Oft wird neben dem Begriff PoD, der Begriff Book on Demand verwendet, der auch als eingetragenes Warenzeichen von Libri-BoD™ geschützt ist. Von BoD ist die Rede, „wenn der Druck des einzelnen vom Kunden bestellten

---

[5] Vgl. Nöth (2001), S. 8.
[6] VDI Nachrichten
[7] Heller (2000), S. 6.

Buches gemeint ist."[8] Dabei liegen die Vorlagen digital bereit und innerhalb weniger Minuten kann ein Buch auf Nachfrage gefertigt werden.[9]

Es bleibt festzuhalten, dass unter PoD, bedarfsgerechtes Drucken, und unter BoD, der Buchdruck nach (Kunden-) Bestellung verstanden wird. Publishing on Demand bezieht sich allgemein auf nachfrageorientiertes Publizieren. Auf das sog. E-Book wird im Laufe dieser Arbeit nicht näher eingegangen, weil man zum Lesen der Inhalte ein spezielles Lesegerät benötigt. Aus diesem Grund wird das E-Book auch als „unechtes Buch" gesehen.

2.2 Mass-Customization und Individualisierung

Die Individualisierung der Nachfrage nimmt in vielen Märkten stetig zu und alte Massenmärkte teilen sich immer kleinere Marktsegmente[10], so wurde aus den eigentlich gegensätzlichen Begriffen „Mass Production" und „Customization" 1993 der Begriff der „Mass-Customization" geformt[11], der auf deutsch direkt übersetzt „massenhafte Individualisierung" bedeutet. Tseng und Jiao umschreiben den Begriff mit „producing goods and services to meet individual customer's needs with near mass production efficiency".[12]

Unter Individualisierung wird „das Besondere, Eigentümliche hervorheben"[13] verstanden, oder „Individualisierung bezeichnet eine extreme Abnehmerorientierung, bei der sich die Marketingbemühungen eines Anbieters auf einen einzigen, bekannten Nachfrager beziehen"[14], d.h. „es werden vermehrt Produkte nachgefragt, die eine gewisse Einzigartigkeit beziehungsweise eine „individuelle Note" besitzen. (...) Der Konsument verlangt auf seine Bedürfnisse abgestimmte Produkte."[15]

BoD versucht mit der Wettbewerbsstrategie Mass-Customization die Vorteile einer Massenfertigung (Kostenvorteile durch Senkung der anteilsmäßigen Fixkosten) mit denen der kundenindividuellen Produktion (Wettbewerbsvorteile durch Produktvielfalt) zu kombinieren.[16] Die Wettbewerbsvorteile entstehen unter der Annahme, dass „die gezielte

---

[8] Seibel (2000), S. 10.
[9] Vgl. Hoffmann (2002), S. 56.
[10] Vgl. Meyer / Davidson (2001), S. 359.
[11] Vgl. Pine (1993), S. 13.
[12] Vgl. Tseng / Jiao (2001), S. 254.
[13] Der kleine Duden „Fremdwörterbuch" (1983), S. 180.
[14] Wüntsch (2000), S. 19.
[15] Meffert (1998), S. 101f.
[16] Vgl. Pillar (2002), S. 5.

5

Bearbeitung eines Segments effizienter ist als die strategische Ausrichtung auf eine gesamte Branche."[17]

2.3 Einsatzgebiete und Ausprägungen

In diesem Kapitel werden zunächst die verschiedenen Zielgruppen von PoD kurz beschrieben und anschließend die potentiellen Einsatzmöglichkeiten genauer erläutert.

PoD ist aufgrund der niedrigen Gesamtkosten und des geringen Lagerrisikos, wie im weiteren Verlauf näher erläutert wird, besonders für spezialisierte Autoren (z.B. Wissenschaftler) mit geringeren Titelauflagen geeignet. Autoren, deren Werke bisher aufgrund einer zu kleinen Zielgruppe nicht verlegt wurden, wie z.B. Bühnenautoren[18], oder Autoren vergriffener Titel bzw. Bücher[19], profitieren, bzw. haben nun genau so wie Privatpersonen[20] die Möglichkeit, ihr Werk zu publizieren.

PoD ist aber nicht für alle Bücher oder Werke gleichermaßen geeignet, so hat PoD bei Standardwerken, die in fast allen Buchhandlungen und Bibliotheken zu finden sind, weniger Bedeutung als z.B. bei Kleinauflagen von Lesexemplaren, Vor-/Nachauflagen oder hochpreisigen Publikationen für Zielgruppen mit hoher Zahlungsbereitschaft[21]. Zudem eignet sich PoD besonders für Druckerzeugnisse mit kurzen Lebenszyklen[22], wie Broschüren oder Booklets, die durch häufige Aktualisierungen inhaltlich schnell überholt sind. Ein weiteres Beispiel zeigen die Zeitungen on Demand, wie in Zürich seit August 2003 in 10 ausgewählten Verkaufsstellen getestet wird und deren Idee durchaus auf Bücher übertragbar ist.[23] „Per Automat können sich Urlauber und Geschäftsreisende die aktuelle Ausgabe der Welt oder der Süddeutschen Zeitung ausdrucken. Bezahlt wird in der Regel per Kreditkarte."[24]

Eine spezielle Bedeutung hat das sogenannte Individualbuch, eine Form des BoD, bei dem nicht nur von Kunden bestimmt wird wann und wo das gewünschte Buch oder die Zeitung etc. gedruckt wird, sondern auch

---

[17] Wüntsch (2000), S. 24.
[18] Vgl. Plinke (2001), S. 35f.
[19] Vgl. Berg (2002), S. 20.
[20] Vgl. Imhof / Schulz (2003), S. 348.
[21] Vgl. Biesalski (2000), S. 8.
[22] Vgl. O.V.1 (1998), S. 31.
[23] Vgl. O.V.2 (2003), S. 1.
[24] Rais (2001), S. 1.

bestimmte Inhalte zusammengestellt oder verändert werden können. Biesalski definiert das Individualbuch folgendermaßen: „Personalisierter Bedarfdruck heißt, dass die Inhalte eines Dokuments kundenspezifisch zusammengestellt werden – vom Kunden selbst oder speziell für ihn. Der Nutzer stellt sich aus dem Angebot einer oder mehrerer Datenbanken die für ihn interessanten Angebote zusammen, er kreiert ein individuell auf seinen Bedürfnissen abgestimmtes Buch."[25]

Bei Belletristischen Werken handelt es sich vermutlich um den Bereich, der sich am wenigsten zur Individualisierung eignet, da ein Roman in der Regel nur als Ganzes lesbar ist. Dagegen halten Fachleute den Markt der Reiseführer für die Individualisierung am besten geeignet, weil sich der Kunde seine eigene Reiserute mit Zwischenstopps selber zusammenstellen kann, außerdem könnten aktuelle Reisenachrichten oder politische Hintergrundinformationen integriert werden. Problematisch könnte hier der Faktor sein, dass der Kunde Informationen oder Inhalte ausschließen muss oder dass der Kunde oft einen Gesamtüberblick über das Thema erhalten möchte. Eine weitere „Spielerei" des Individualbuchs kann bei Kinder- und Jugendbüchern genutzt werden, der Personalisierungseffekt, bei dem z.B. die Hauptperson den eigenen Namen trägt oder der Handlungsort verändert wird. Gerade Kinder können mit dieser Veränderung verblüfft und begeistert werden.[26]

3 Bedeutung von BoD für einen Buchverlag

Im Folgenden sollen die Auswirkungen und Veränderungen auf und in einem Buchverlag durch den Einsatz von BoD aus technischer, organisatorischer und ökonomischer Sicht beschrieben werden.

3.1 Ausgangssituation

Zunächst betrachten wir einen herkömmlichen oder klassischen Buchverlag, dessen Wertschöpfungskette sich wie folgt darstellen lässt:

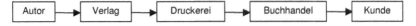

Bis ein geistiges oder künstlerisches Werk vom Erzeuger bis zum Verbraucher gelangt, müssen mehrere Stationen durchlaufen werden. Eine

---

[25] Biesalski (2000), S. 10.
[26] Vgl. Nöth (2001), S. 108ff.

detailliertere Betrachtung müsste weiter die einzelnen Stufen bzw. Abteilungen des gesamten Produktionsprozesses berücksichtigen, d.h. der Verlag gliedert sich weiter in Lektorat, Herstellung, Vertrieb / Marketing und PR, der technische Herstellungs- und Druckprozess besteht aus Druckvorstufe, Druck, Weiterverarbeitung und der Buchhandel übernimmt die Verbreitung des Produktes. Weiter zu berücksichtigen ist, dass es bei der klassischen Wertschöpfungskette sich zwar um einen linearen Prozess handelt, einzelne Produktionsstufen aber ineinander greifen und Rückkoppelungsprozesse notwendig machen. Dies lässt erkennen, dass die traditionelle Buchproduktion einen an Zeit und Kosten aufwändigen und komplexen Prozess mit mehreren abzustimmenden Wertschöpfungsstufen darstellt.

3.2 Technischer und organisatorischer Prozessablauf

Auf die für den weiteren digitalen Produktionsprozess erforderlichen und grundlegenden technischen Verfahren des Digitalen Drucks soll hier nicht näher eingegangen und diese deshalb nur im Überblick benannt werden.

Zum Digitalen Druck zählen „Produktionssysteme und Lösungen mit unterschiedlicher Durchdringung der Digitalisierung für die Produktion von Printmedien."[27] Hierunter sind verschiedene Computer-to-Verfahren zusammengefasst. Systematisiert nach dem zunehmenden Grad der Digitalisierung unterscheidet man zwischen Systemen für Computer-to-Film, Computer-to-Plate, Computer-to-Press/DirectImaging oder Computer-to-Print.[28]

Für den speziellen PoD-Einsatz sind Systeme mit einem möglichst hohen Grad an Digitalisierung und Integration von Vorstufe, Druck und Weiterverarbeitung notwendig. Sogenannte Non-Impact-Verfahren (NIP), wo keine feste Druckform notwendig ist, also digitalisierte Daten punktweise aus dem Datenspeicher direkt auf einen löschbaren Druckzylinder oder ohne weitere Zwischenträger unmittelbar auf den Bedruckstoff übertragen werden, ermöglichen das individualisierte Drucken. Darunter sind das Elektrografische Verfahren, das Ink-Jet-Verfahren und die Thermotransfertechnologie zu zählen.[29]

---

[27] Kipphan (2000), S. 702.
[28] Vgl. Kipphan (2000), S. 605.
[29] Vgl. Ulrich (2002), S. 13ff.

3.2.1 Workflow

Durch die Verfahren der digitalen Drucktechnik, die als Just-in-Time-Druck eine schnelle und wirtschaftliche Herstellung von Kleinauflagen ermöglichen und somit kurzfristigen Bedarf decken können, kann eine wesentliche Erhöhung der Effizienz des Produktionsprozesses in Verlagen und Druckereien erreicht werden. Durchlaufzeiten werden verkürzt und einzelne Arbeitsschritte werden eingespart. Realisiert wird dies durch die Ausweitung des digitalen Datentransfers zwischen Verlagen und Druckereien und durch die zunehmende Integration aller Prozessfunktionen in informationstechnisch gestützte Produktionsnetzwerke.

Für ein funktionierendes und attraktives Gesamtkonzept im Sinne des BoD sollte ein „komplett internet-basierter Workflow möglich"[30] sein, in dem nicht nur der innerbetriebliche Produktionsprozess effizient abgebildet wird, sondern alle am gesamten Wertschöpfungsprozess beteiligte integriert werden, also auch der Kunde bzw. Auftraggeber wie auch Lieferanten und externe Dienstleister. Der sogenannte „Study Guide on Demand Service"[31] des Instituts für Print und Medientechnologie in Chemnitz, bei dem Studenten beispielsweise Stundenpläne über das Internet auswählen, personalisieren und on demand ausdrucken lassen können, beschreibt solch einen integrativen und online-basierten Workflow.

3.2.2 PDF vs. XML

Voraussetzung für Printing on Demand ist die Digitalisierung des zu druckenden Werkes. Dabei stellt sich auch die Frage nach dem idealen Dateiformat, der „artgerechten Datenhaltung" für die Archivierung und die Weiterverarbeitung. Derzeit scheint es, dass sich das Portable Document Format (PDF) immer weiter als Standard der Druckbranche durchsetzen wird. Zukünftig wird jedoch die medienneutrale Datenhaltung einen höheren Stellenwert erhalten, so dass die Ablage der Daten im XML-Format (XML = Extensible Markup Language) auf großes Interesse seitens der Verlage stößt, vor allem im Hinblick auf Weiter- und Mehrfachverwendung der medialen Inhalte in unterschiedlichsten Formaten.

PDF ist in der Lage, plattform- und auflösungsunabhängig Dokumente mit hoher Darstellungsqualität zu speichern. Was sein Prinzip betrifft, ist es ein

---

[30] Nöth (2001), S. 59.

layoutorientiertes Datenformat, so dass es die Anforderungen für den praktischen Einsatz in Verlagen und auch Druckereien erfüllt. Bei großen Datenmengen ist das Format wegen mangelnder Strukturierbarkeit für gezielte Recherchezwecke nicht geeignet.

XML eignet sich hervorragend für große und komplexe Dokumente und Datenmengen. Durch die umfassenden Möglichkeiten der Dokumentstrukturierung ist XML besonders für Recherche- und Archivierungsanwendungen prädestiniert.[32] Für die spezielle Anwendung, die Erstellung von Individualbüchern, bietet XML flexible Gestaltungsmöglichkeiten. Textabschnitte lassen sich beliebig auswählen und „auch kleinteilige Module wie Tabellen, Bilder oder nur kurze Absätze"[33] sind kombinierbar. Da XML-Daten vom Layout losgelöst sind, können ohne weiteres Drittdaten integriert und einem völlig neuen Layout angepasst werden. Des Weiteren macht XML eine automatische Inhaltegenerierung möglich. „Der Leser erstellt sein eigenes Inhaltsprofil, nach dem automatisch aus einem Datenstamm die passende Zusammenstellung generiert wird."[34] Ebenso selbständig lassen sich zum erstellten Inhalt beispielsweise das passende Inhalts- oder Stichwortverzeichnis generieren. Für den Einsatz von XML sollte die Mehrfachnutzung von Inhalten und Mediendaten angestrebt werden, da für eine einmalige Nutzung des Inhalts die Strukturierung und Aufbereitung der Daten zu aufwändig, komplex und damit kostenintensiv ist.[35]

3.2.3 Datenbank-Management

Intelligente Datenbanken bilden die Grundlage eines rationellen und automatisierten Workflows, in dem die gesamten produktions- und betriebswirtschaftlichen Abläufe aufeinander abgestimmt, vernetzt und integriert sind. Zur effektiven Umsetzung von PoD/BoD benötigen Verlage eine zentrale Datenhaltung und ein internes Kommunikationssystem, das es den Mitarbeitern aus Lektorat, Herstellung, Marketing, Vertrieb, Auslieferung und Controlling erlaubt, auf gemeinsame Ressourcen zuzugreifen und Daten

---

[31] Vgl. Study Guide on Demand (2004)
[32] Der Große Vorteil bei XML liegt in der Trennung von Struktur und Inhalt und ermöglicht so die Unabhängigkeit vom Anwendungssystem und der Darstellungsform.
[33] Nöth (2001), S. 57.
[34] Nöth (2001), S. 57.
[35] Vgl. Ulrich (2002), S. 27ff.

untereinander auszutauschen.[36] Damit wird einerseits für eine sichere Archivierung gesorgt, andererseits bleiben die Produktdaten für spätere Anwendungen jederzeit verfügbar und ermöglichen einen effizienten Zugriff.

3.2.4 Organisation

Die integrativen Technologien im Verlagsbereich, wie Datenbanksysteme, standardisierte Datenformate, integrierte Abwicklungs- und Fakturierungssysteme, führen zu einem Zusammenwachsen inhaltlicher, administrativer und gestalterischer Aufgaben und damit zu einem Neuzuschnitt der Aufgabenbereiche der einzelnen Abteilungen innerhalb der Verlage.

Ziel ist es, die neue Produktform PoD/BoD in die betriebliche Organisationsstruktur zu integrieren. Dabei sind innerhalb der einzelnen Funktionen die Gestaltungs-Bestlösungen so zu finden, dass die effiziente und zielorientierte Erfüllung bestimmter Aufgaben sichergestellt ist.[37]

Mit dem Einsatz von PoD kann dem Gesamtprozess und allen Prozesspartnern ein höherer Nutzen durch die Integration von Aufgaben zukommen. Integration von Aufgaben bedeutet, dass der PoD-Dienstleister wichtige Funktionen, die in Zusammenhang mit der Produktion und dem Vertrieb stehen, völlig autark und vom Verlag durch einen dauerhaften Vertrag legitimiert, ausführt.

Es ist der Grad der Arbeitsteilung festzulegen, d.h. zu beschließen, welche Aufgaben aus strategischer Sicht im Verlag verbleiben und welche Serviceleistungen sinnvollerweise von Druckereien in Anspruch genommen werden.[38]

Neben dem technischen Workflow ist die betriebliche Organisation mit allen ihren Aufgabenbereichen und Transaktionen, wie z.B. Angebotserstellung, Auftragsbestätigung und Datenabgleich, samt Schnittstellen und Datenhaltung so zu optimieren und zu automatisieren, dass eine

---

[36] Eine zentrale Datenhaltung wird speziell dann benötigt, falls es durch eine veränderte Wertschöpfungskette zum Wegfall einzelner Stufen im Verlag oder des gesamten Verlags durch Ersatz eines virtuellen Unternehmens kommen sollte und um eine Verbindung zwischen Produzent und Konsument/Leser gewährleisten zu können.
[37] Vgl. Ulrich (2002), S. 40ff.
[38] Vgl. Ulrich (2002), S. 42.

wirtschaftliche Produktion eines Individualbuches mit der Auflage Eins ermöglicht wird.[39]

3.2.5 Marketing und Vertrieb

Die Aufgabe der Marketingabteilung besteht darin, das Angebot von PoD/BoD als Wettbewerbsvorteile nach außen zu kommunizieren. Ziel ist es, die innovativen Möglichkeiten von PoD/BoD so in die Wahrnehmung des Konsumenten einzufügen, dass sich das Angebot von der Konkurrenz abhebt und es vorzugsweise nachgefragt wird. Dabei sollte die Marketingabteilung bei der Positionierung der neuen Leistung von PoD auf dem Markt besonders die einzigartigen Verkaufsversprechen wie „Personalisierter Druck", „Individualbuch" oder „Just-in-time-Druck" herausstellen.

Weiterhin ist zu verdeutlichen, dass die Titel beziehungsweise das gesamte Verlagsprogramm bei PoD/BoD auf Dauer lieferbar bleiben. Der Verlag vermeidet dadurch Umsatzausfälle und enttäuschte Kunden und bekommt infolgedessen vom Markt sowohl ein positives Image als auch Kompetenz zugesprochen.

Wird die Verkaufsförderungsfunktion eindeutig dem Marketingbereich zugesprochen, so sollte der physische Vertrieb und die Auslieferung des PoD/BoD-Produktes direkt durch den BoD-Dienstleister erfolgen, um weitere Prozesszeit und -kosten zu sparen.[40] Die Vertriebsabteilung hat sich in jedem Fall der Herausforderung zu stellen, die in kurzer Zeit produzierten Publikationen auch rasch zu verteilen. Es wäre kontraproduktiv, wenn vorgemerkte Lieferungen oder beauftragte Kleinauflagen herstellungs- und drucktechnisch optimiert wären, jedoch die gewonnene Zeit durch unzureichende Organisation auf dem Vertriebsweg wieder verloren ginge.

3.3 Ökonomische Bewertung von PoD/BoD

Bei der Wahl des wirtschaftlich optimalen Druckverfahrens, also des Print-on-Demand-Verfahrens, das BoD überhaupt erst ermöglicht, müssen sich

---

[39] Vgl. Nöth (2001), S. 64f.
[40] Im extremsten Fall, also beim kompletten Wegfall des Verlages, liegt das gesamte Marketing und der Vertrieb entweder beim Autor oder dem BoD-Dienstleister. Oder der gesamte Produktionsprozess samt Vertrieb läuft vollständig automatisiert ab und der Kunde kann sein BoD an einer Druckstation an einem beliebigen Ort zu einer beliebigen Zeit anfordern und erstellen lassen, was in letzter Konsequenz die Existenz eines Verlages unnötig macht.

Verlage an richtungsweisenden Entscheidungsfaktoren orientieren. Przyklenk unterscheidet in seinem 2001 erschienen Artikel „Print on Demand versus Offsetdruck" zwischen quantitativen und qualitativen Faktoren zur Vergleichsbetrachtung. [41] Zu den quantifzierbaren Faktoren im Verlag zählen solche, die mit genau bestimmbaren Kosten belegbar sind. Dabei sind u.a. Kosten für Lektorat, Layout, Druckvorstufe, Datenhaltung, Druck, Bindung, Papier, Kapitalbindung, Returns, Makulatur im Vergleich von Offsetdruck und PoD quantifizierbar. Allerdings müssen bei der Bewertung der Faktoren auch verschiedene Produkte und Projektvorhaben unterschieden werden und gegebenenfalls die Faktoren verschieden gewichtet werden. Es können also zunächst keine pauschalen und allgemein gültigen Aussagen getroffen werden. [42]

Zur Entscheidungsfindung sind auch marktbeschreibende Merkmale heranzuziehen. Die Frage, ob PoD-Verfahren Anwendung finden, hängt nicht nur von den Kosten ab, sondern auch von den Ansprüchen des Marktes. Nur wenn im Rahmen der Produkt- und Programmpolitik eine Ausrichtung auf die optimale Befriedigung stattfindet, kann das langfristige Überleben des Unternehmens durch anhaltende Erlöserzielung sichergestellt werden. Die Folge ist, dass auch qualitativen Aussagen, die z.B. den Markt betreffen, eine hohe relative Bedeutung zukommt. Faktoren wie die Marktstellung und Marktform des Unternehmens sowie Prognosen über die Marktentwicklung können hierbei Sachverhalte aufweisen, die richtungsweisende Signalwirkung haben können. [43]

3.3.1 Kosten

Bei Einsatz von PoD-/BoD-Verfahren in einem Verlag ist von einer Veränderung der Kostensituation gegenüber der bei Anwendung herkömmlicher Print- und Publishing-Methoden auszugehen.

Unabhängig vom Druckverfahren und der Auflage bleiben die relativ hohen Fixkosten wie etwa der Texterfassung, Formatierung, Lektorierung oder Einbandgestaltung zunächst bestehen. [44] Erst bei einer hohen Auflage ist es möglich, die Fixkosten auf möglichst viele Exemplare zu verteilen und das Produkt damit zu handelsüblichen Preisen anbieten zu können. Mit kleinen

[41] Vgl. Przylenk (2001), S. 228.
[42] Vgl. Ulrich (2002), S. 58.
[43] Vgl. Ulrich (2002), S. 59.

Auflagen ist es zunächst also nicht möglich, einen Deckungsbeitrag zu erzielen. Für die Entscheidungsfindung von größter Bedeutung ist die geplante Auflagenhöhe, denn abhängig von dem gewählten Druckverfahren entwickeln sich die Stückkosten bei steigender Auflage sehr unterschiedlich. Grundsätzlich bleibt das Problem relativ hoher anteiliger Fixkosten wie z.B. die Lektoratskosten auch bei PoD/BoD bestehen. Vorteilig wirkt sich das neue Verfahren bei Nachauflagen aus, da durch digitale Daten- und Lagerhaltung quasi keine weiteren Kosten entstehen. Im Gegensatz zum herkömmlichen Offsetdruck beispielsweise, kann die Nachauflage bei einem Exemplar liegen, ohne unrentabel zu werden.

Bei konventionellen Druckverfahren wie etwa dem Offsetdruck entstehen bereits in der Druckvorstufe sowie bei der Einrichtung der Druckmaschinen hohe Fixkosten. Kennzeichnend für einen weiteren Kostenverlauf ist die Stückkostendegression bei wachsender Auflage, die besagt, dass die höheren Stückkosten auf die verkauften Exemplare umgelegt werden können. Dies führt unmittelbar zu fallenden Grenzkosten, so dass der Verlag nach Möglichkeit eine hohe Auflagenzahl anstrebt. Für Kleinauflagen ist dieses Verfahren somit nur bedingt profitabel.[45]

Der Digitaldruck löst das Fixkostenproblem in der Druckvorstufe. Die Daten werden beim Digitaldruck direkt vom Rechner auf die Digitaldruckmaschine geschickt. Damit fallen bei diesem Verfahren die Erstellungskosten sowie die mit ihnen verbundenen Rüstkosten von Druckplatten weg. Die Eliminierung dieser Prozessschritte bedeutet, dass bisherige nicht-wertschöpfende Prozesse und die damit verbundenen Kosten durch den Einsatz elektronisch gestützter Technologien vollständig entfallen.[46]

Digitaldruck eignet sich offensichtlich für Kleinauflagen – es ist die kleinste Auflage von Eins möglich. Die Stückkosten bleiben für digital gedruckte Exemplare annähernd konstant, d.h. wiederum auch, dass ab einer bestimmten Auflagenhöhe PoD nicht mehr profitabel ist.

Große Einsparpotentiale der Kosten liefert PoD/BoD im Bereich der Lager- bzw. Kapitalbindungskosten. Durch die digitale Datenhaltung und die dadurch entfallenden Lagerkosten der Lagerraumbereitstellung, -verwaltung

[44] Vgl. Lucius (2000), S. 6.
[45] Vgl. Knoche / Siegert (1999), S. 33.
[46] Vgl. Ulrich (2002), S. 60ff.

und physischen Einlagerung kann eindeutig die Kapitalbindung und das Gesamtrisiko vermindert werden.[47]

Eine bedeutende und gewichtige Kostenposition bei der Buchproduktion mit herkömmlichen Verfahren ist die der Returns bzw. die u.U. daraus folgenden Makulaturkosten. Ist die Auflage definitiv gedruckt so bleibt auch zunächst das Risiko des Absatzes bestehen. Bei BoD entfällt dieses zu 100 Prozent, da erst nach Bedarf gedruckt wird. Die Kosten der Datenhaltung sind im Falle der Nichtverkäuflichkeit des BoDs vernachlässigbar gering.

Im Bereich des Individualbuches kommen weitere Kostenaspekte hinzu. „Schließlich ist eine Individualisierung auch mit einem erhöhten Aufwand für das produzierende Unternehmen verbunden."[48] Mehraufwand entsteht im Vergleich zu standardisierter Massenproduktion durch die individuelle, personelle und flexible Inhalte- und Buchproduktion. Skaleneffekte (economies of scale) und Lerneffekte (economies of learning) können diesen durch Mehraufwand verursachten Kosten entgegen wirken. Skaleneffekte (Kostenersparnis durch wachsende Ausbringungsmengen) können beim Individualbuch dadurch erreicht werden, dass einzelne standardisierte Module für die individuellen Endprodukte verwendet werden und diese nicht immer wieder komplett neu erzeugt werden müssen. Lerneffekte (Kostenreduktion durch Lernen und Einsatz von gewonnenem Wissen) entstehen im gesamten Workflow und in dem komplexen Produktionsprozess von BoD. Abläufe und Prozesse, Schwachstellen in Schnittstellen können von Mal zu Mal optimiert werden.[49]

Aufgrund der hohen technischen Anforderungen und der Komplexität im PoD/BoD-Verfahren entstehen hohe Entwicklungs- und Neuinvestitionskosten, die im Vorfeld der Überlegungen und der Entscheidung für den Einsatz von PoD/BoD eine wichtige Rolle spielen. Die wenigsten Buchverlage beschäftigen sich derzeit intensiv mit Innovationen in den Bereichen Digitaldruck, Datenhaltung und Datenbankmanagement oder Workflowautomatisierung. Um PoD/BoD sinnvoll und wirtschaftlich anwenden zu können, müssen aber u.a. diese Bereiche bedacht und im Unternehmen eingesetzt werden.

---

[47] Konventionelle Verfahren erfordern für die Realisierung eines Produktes eine Vorfinanzierung und erhöhen durch Festlegung einer hohen Auflagenzahl auch das Absatzrisiko, die Kapitalbindung und die Zins- bzw. Lagerkosten.
[48] Nöth (2001), S. 37.
[49] Vgl. Nöth (2001), S. 37f.

15

Insgesamt gesehen sind bei PoD/BoD die technischen Herstellkosten und die Lagerkosten (Risikokosten und Returns) niedriger als die herkömmlicher Druckverfahren. Die Fixkostensituation bleibt erhalten und somit gleich. Allerdings ist schwer abzuschätzen, welche Kosten im Bereich des Marketing und Vertriebs bei zusätzlicher und teilweise oder der kompletten Umstellung auf PoD/BoD sich in einem Verlag ergeben werden. Im Vertrieb sind allein viele Varianten vorstellbar - vom klassischen Weg über den Buchhandel bis hin zum Druckautomaten. Hinzu kommen die durchaus enormen Investitions- und Entwicklungskosten, so dass die Gesamtkostensituation vorerst schwierig zu beurteilen bleibt.

3.3.2 Erlöse

Auf der Erlösseite werden sich bei PoD/BoD gegenüber dem „herkömmlichen" Buch wenig Veränderungen ergeben. Die Haupterlösquelle wird im Vertrieb der produzierten Ware liegen. Da bei BoD Kleinauflagen möglich sind und somit jedermann ein Buch veröffentlichen kann, oder individualisierte Bücher mit Inhalten, die der „Prosument" selbst liefert, erzeugt werden, kann der Verlag oder BoD-Dienstleister direkt Erlöse über den Autor, der die Buchproduktion finanziert oder den Prosumenten erzielen.

3.4 Fallbeispiel: Books on Demand GmbH - BoD™

Der in den bisherigen Kapiteln beschriebene theoretische Teil dieser Arbeit soll nun anhand von einem Fallbeispiel verdeutlicht werden.

„Die Books on Demand GmbH - BoD™ ist mit mehr als 9.000 Titeln der marktführende Anbieter in Deutschland, Österreich und der Schweiz für die Herstellung und den Vertrieb von Büchern auf Bestellung."[50]

Dies ist der jetzige Stand der Erfolgsstory. Angefangen hat alles mit einer Idee, deren Grundlage der Paradigmenwechsel unserer Gesellschaft war. Wir wollen alles schnell und billig. Wie aber kann speziell der Buchmarkt dem gerecht werden?[51]

Hinter Books on Demand™ steckt - verpackt in modernste Technologie - eine Revolution für den Publikationsprozess eines Buches: Anstatt eine feste Auflage vor zu finanzieren, zu produzieren und zu lagern, wird der Inhalt

---

[50] Books on Demand™ (2003)
[51] Vgl. Conrad (2002), S. 111.

eines Buches digitalisiert, als digitales Master gespeichert und erst auf Bestellung - "on demand" - gedruckt.

Der Trick dabei ist, dass nur so viele Exemplare gedruckt werden, wie vom Kunden bestellt wurden. Die Kosten, nur wenige hundert Euro, trägt der Autor.[52]

Von der Abgabe eines Manuskriptes, als scanfähige Papiervorlage, als PDF-Datei oder als Postscript-Datei, bis zur Freigabe der Referenzexemplare vergehen nur vier bis sechs Wochen. Aufgrund der nahtlosen Integration in die buchhändlerische Infrastruktur (alle Bücher werden in die Großhandelskataloge von Libri und dem Schweizer Buchzentrum aufgenommen), sind Bestellungen über jede Buchhandlung und über die maßgeblichen Online-Buchhändler problemlos möglich. Die vom Buchhandel bestellten Bücher werden in der Regel innerhalb von 24 Stunden gedruckt. Bis das Buch den Endkunden erreicht, vergehen weitere drei bis fünf Tage. Das Konzept von BoD™ beinhaltet damit nicht nur den digitalen Buchdruck, sondern umfasst die komplette Abwicklung und Logistik.[53]

Darüber hinaus besteht die Möglichkeit für ca. 60 Euro eine ISB-Nummer für den Titel zu beantragen, mit deren Hilfe das Buch eindeutig identifiziert wird und somit auch über andere Großhändler bestellt werden kann. Zudem ist die Nummer Voraussetzung für die Aufnahme ins Verzeichnis Lieferbarer Bücher (VLB), das allen Buchhandlungen in Deutschland vorliegt.[54]

Das Angebot, Bücher digital und somit ohne Risiko zu produzieren, richtet sich an Verlage, Autoren, Wissenschaftler und Businesskunden gleichermaßen.
Verlage nutzen BoD™ als Dienstleister, um ihre Investitionen, die bei einer klassischen Vorproduktion entstehen, zu minimieren und das einhergehende Auflagenrisiko zu reduzieren. Es können Titel ins Verlagsprogramm aufgenommen werden, die kleinere und spezialisierte Zielgruppen bedienen. Nachauflagen und Testauflagen stellen Verlage nicht mehr vor schwierige Investitionsentscheidungen. Bereits heute nutzen zahlreiche Verlage BoD™, um mit einem sehr breiten und spezialisierten Verlagsprogramm ihre Marktposition zu stärken und eine echte Marke aufzubauen, ohne damit ein hohes finanzielles Risiko einzugehen. Da BoD™ die komplette Logistik und

---

[52] Vgl. Braun (2000), S. 41.
[53] Vgl. Books on Demand™ (2003)

Abwicklung übernimmt, können sich Verlage auf ihr Kerngeschäft und verlegerisches Hauptanliegen, nämlich die Programmgestaltung, konzentrieren.

Autoren erhalten über BoD™ erstmalig die Möglichkeit, preisgünstig und eigenunternehmerisch zu veröffentlichen und zielgruppengenau zu vermarkten. Damit diese Werke den Ansprüchen von Leser und Buchhandel gerecht werden, hat BoD™ eine ganze Reihe von Dienstleistungen entwickelt. Das Angebot reicht vom Lektorat und Korrektorat bis hin zum Satz und zur Umschlaggestaltung. Die Buchproduktion on demand und die Bestellabwicklung über den Buchhandel sind auch in diesem Segment fester Bestandteil des BoD™-Konzeptes. Wissenschaftliche Publikationen, die häufig Nischenmärkte bedienen und hohe Aktualitätsanforderungen haben, lassen sich über BoD™ in Kleinstauflagen sehr kostengünstig und schnell realisieren. Sie sind nie vergriffen und weltweit verfügbar, was gerade für wissenschaftlich orientierte Zielgruppen von großer Bedeutung ist.

Businesskunden nutzen BoD™, um interne und externe Unternehmenspublikationen kostensparend, bedarfsgerecht und in höchster Buchqualität zu produzieren. Bedienungsanleitungen, Schulungsunterlagen, Festschriften und Tagungsbände können mit BoD™ deutlich aufgewertet werden. Denn: Ein Buch wirft man nicht weg. Es ist ein ideales Medium, um das Unternehmen und die Marke zu transportieren und immer wieder ins Gedächtnis zu rufen. Wenn sich der Vertrieb eines Titels über den Buchhandel anbietet, kann ohne Mehraufwand auf die BoD™-Vertriebslogistik zugegriffen werden, dass sich so Kosten in Erlöse verwandeln.[55]

4 Fazit und Ausblick

Die durch eine in den letzten Jahren statt findende Konvergenz der Sektoren Informationstechnologie, Telekommunikation und Medien hervorgerufene und zunehmende Digitalisierung in unserer Gesellschaft und der damit einhergehenden Wandlung zu einer Informationsgesellschaft wirkt sich zusehends auf die Bereiche der Medien aus.[56] Neue Formen der Informationszusammenstellung, -aufbereitung und -verbreitung halten

[54] Vgl. Braun (2000), S. 45.
[55] Vgl. Books on Demand™ (2003)
[56] Vgl. European Communication Council (2001), S. 140ff.

18

Einzug. Contentsyndication (Sammeln, Aufbereiten und Weiterverteilen von Inhalten), Contentproviding (Inhalte-Angebot und -Verbreitung), Information on Demand und eben PoD oder BoD sind nicht mehr wegzudenkende Schlagworte.

Die Euphorie für eine endgültige Durchsetzung von BoD und die Verdrängung von herkömmlichen Printprodukten ist aber noch mit Vorsicht zu betrachten, da BoD nicht für alle Anspruchsgruppen bzw. Verlage gleichermaßen sinnvoll ist und Vorteile bringt. Das größte Erfolgspotential verspricht der PoD-Einsatz für Kleinauflagen in Bereichen der Wissenschaftlichen Veröffentlichungen, Fach- und Sachpublikationen oder des Individualbuches. Die Möglichkeit, Titel mit Hilfe der Digitalisierung und PoD unbegrenzt lieferbar halten zu können, bietet einen bedeutenden Vorteil für viele wissenschaftliche und Fachverlage, wo oft nur teure und kleine Auflagen produziert werden und sehr schwer abzuschätzen ist, welche Mengen über welchen Zeitraum verkauft werden können.[57]

PoD/BoD bietet insgesamt nicht nur bestehenden Verlagen die Möglichkeit, etwas zu veröffentlichen. Unzählige neue Anbieter könnten auf den Markt drängen - da ja „jedermann", also auch der Autor von nebenan, sein persönliches Buch produzieren kann - und die heute schon unüberschaubare Zahl an Werken noch weiter anwachsen lassen. Hier kommt nun das Problem auf, dass das ursprüngliche Qualitätssiegel eines bestehenden Verlages, dadurch dass nun jeder sein Buch veröffentlichen kann, darunter leiden würde, weil aus der Flut der Titel nicht mehr klar beurteilt werden könnte, was qualitativ hoch- oder minderwertig ist.

Großauflagen bzw. Bestsellerautoren werden in naher Zukunft weiter über den traditionellen Vertriebsweg publiziert und verkauft werden, wobei weitere technische Innovationen (z.B. BoD-Druckautomat im Supermarkt) zusätzliches Verkaufspotential für den renommierten Großverlag bieten.

Insgesamt werden Printmedien auch in den nächsten Jahren noch eine der größten Umsatzträger der Medienbranche sein, gleich mit welchen technischen Verfahren sie über kurz oder lang produziert oder vertrieben werden, und haben eine stabile Entwicklung vor sich, wobei langfristig nicht nur von einer Koexistenz der Offline- und Online-Welten auszugehen ist,

---

[57] Vgl. Ulrich (2002), S. 81.

sondern von einer Kooperation bzw. einer engen Verzahnung beider Medienbereiche.[58]

Speziell bei der Produktion von Büchern, die in kleinen oder großen Auflagen, mit herkömmlichen oder neuen innovativen Verfahren erzeugt und in gedruckter oder digitaler Form genutzt werden, wird es weiterhin und sogar immer mehr auf echte Erfolgsfaktoren wie gute Autoren, verlegerisches Geschick und Gespür für gute Inhalte ankommen.

---

[58] Vgl. Bahlmann (2002), S. 21.

20

Literaturverzeichnis

Bahlmann, A. R. (2002): Eine Branche im Wandel. In: Die Zukunft der Printmedien, hrsg. v. J. Eberspächer, Berlin, S. 7-21.

Berg, v. H. (2002): Kleine Auflagen risikoloser und kostengünstig. In: Deutscher Drucker, Nr. 39/26.09.2002, S. 20-23.

Biesalski, E. (2000): Wunderdroge? – Möglichkeiten und Grenzen des Digitaldrucks. In: Börsenblatt – Wochenmagazin für den deutschen Buchhandel, Nr. 65/2000, S. 7-11.

Books on Demand (2004): Homepage BoD™, http://www.bod.de/presse/presseinfo_hintergrund.html, 06.01.04

Braun, M. (2000): Books on Demand von Libri & Co. In: Books on Demand – So verkaufen Sie Bücher im Internet, hrsg. v. A. Mäckler, München, S. 41-48.

Conrad, M. (2002): Print on Demand. In: Die Zukunft der Printmedien, hrsg. v. J. Eberspächer, Berlin, S. 111-125.

Der kleine Duden „Fremdwörterbuch" (1983): 2. Aufl., Mannheim

European Communication Council (Hg.) (2001): Die Internet-Ökonomie: Strategien für eine digitale Wirtschaft. Von Axel Zerdick et.al., 3., überarbeitete und erweiterte Auflage, Berlin, Heidelberg

Heller, M. (2000): Print on Demand – Wem nützt das? In: Streifband, Heft 6/ Oktober, S. 6.

Hoffmann, C. (2002): Wertketten für digitale Publikationen: Neue Chancen für Verlage und Autoren. In: Print contra Online? Verlage im Internetzeitalter, hrsg. v. C. Altobelli. München, S. 55-68.

Imhof, A.; Schulz, M. (2003): Zusätzlicher Nutzen eines Print-on-Demand-Webservices. In: Bibliotheksdienst – Organ der Bundesvereinigung Deutscher Bibliotheksverbände, 37 Jg., Nr. 3, S. 344-361.

Kipphan, H. (Hg.) (2000): Handbuch der Printmedien. Heidelberg

Knoche, M. / Siegert, G. (1999): Strukturwandel der Medienwirtschaft im Zeitalter digitaler Kommunikation. München

Lucius, W. D. (2000): Digitaldruck als Zukunftsweg. In: Börsenblatt für den Deutschen Buchhandel, Frankfurt

Meffert, H. (1998): Marketing – Grundlagen markorientierter Unternehmensführung, 8. Aufl., Frankfurt a. Main

Meyer, A.; Davidson, H. J. (2001): Offensives Marketing – Gewinnen mit POISE: Märkte gestallten – Potentiale nutzen, 1. Aufl., Freiburg i. Br.

Nöth, U. (2001): Die Individualisierung von Inhalten mittels PoD als Chance für den Buchverlag, Leipzig

O.V.1 (1998): IBM setzt auf das Geschäft mit Print on Demand. In: Deutscher Drucker, Nr. 46/10.12.1998, S. 30-33.

O.V.2 (2003): Zeitungen aus aller Welt, aufgerufen unter: http://www.kiosk.ch/produkte/pressevertrieb/zeitungen/index_d.html, 26.12.03

Pillar, F. (2002): Mass Customization. In: Handbuch Produktmanagement, 2. Auflage, Wiesbaden, S. 1-28.

Pine, B.J. (1993): Mass Customization, Boston

Plinke, M. (2001): Publishing on Demand, Berlin

Przylenk, W. (2001): Print on Demand versus Offsetdruck. In: Schmidt-Braul, Ingo-Eric M. (Hg.): On Demand: Vom Content zum Produkt, S. 228.

Rais, V. (2001): Zeitungen wollen mit „Print-on-Demand" Urlaubern aktuellen Lesestoff bieten, aufgerufen unter: http://www.VerbraucherNews.de/artikel/0000008461.html, 05.01.04

Seibel, P. (2000): Printing on Demand – Potentielle Geschäftsfelder in der Buchbranche und ihre Anforderungen unter Berücksichtigung der Wirtschaftlichkeit und der Angebote auf dem deutschen Markt, Leipzig

Study Guide on Demand (2004): Homepage: TU Chemnitz http://www.tuchemnitz.de/pm/sgod.html, 12.01.04

Tseng, M. / Jiao, J. (2001): Mass Customization. In: Handbook of Industrial Engineering, hrsg. v. G. Salvendy , 3. Aufl., New York, Kap. 25

Ulrich, C. (2002): Printing on Demand: Prozessablauf und ökonomische Bewertung. München

VDI Nachrichten (1998): 11.09.1998, S. 4. In: Ute Nöth (2001), Die Individualisierung von Inhalten mittels PoD als Chance für den Buchverlag, Leipzig

Wüntsch, O. (2000): Kundenindividuelle Massenproduktion – Mass Customization in der Bekleidungsindustrie, Köln

Yahyaoui, S. E. (2003): Entwicklung des Print-on-Demand-Konzeptes in der Medienindustrie, Frankfurt